# Nicolas fou de soccer

Texte de Gilles Tibo  Illustrations de Bruno St-Aubin

Éditions
■SCHOLASTIC

Catalogage avant publication de Bibliothèque et Archives Canada

Tibo, Gilles, 1951-

Nicolas fou de soccer / Gilles Tibo ; illustrations de Bruno St-Aubin. Pour les 4-7 ans.

ISBN 978-1-4431-1671-8

I. St-Aubin, Bruno II. Titre.

PS8589.I26S87 2010          jC843'.54          C2010-904923-3

Édition publiée par les Éditions Scholastic, 604, rue King Ouest, Toronto (Ontario) M5V 1E1

5 4 3 2 1          Imprimé au Canada 119          12 13 14 15 16

Les illustrations de ce livre ont été faites à l'aquarelle sur papier Arches.
Le texte est composé avec la police de caractères Boracho Regular.

MIXTE
Papier issu de
sources responsables
FSC® C103113

10%

À la belle Zia
et sa maman Eveline

Gilles Tibo

À Manuel

Bruno St-Aubin

Ce matin, je suis très nerveux, car dans quelques heures je vais participer à mon premier tournoi de soccer.

Je n'ai pas de temps à perdre. Pour pratiquer, je lance mon ballon contre le mur de ma chambre. J'essaie de l'attraper avec mes pieds. **BANG! BAOING! BOUNG!**

Ma mère ouvre la porte de ma chambre.
Elle me dit :
— Nicolas, tu m'agaces avec ton ballon!
— Excuse-moi, maman. Je ne le ferai plus...

5

Je ne lance plus le ballon contre le mur. Je pratique ma précision en essayant de le lancer au plafond. Mais soudain, **CLING!** Mon ballon renverse ma lampe de chevet. **BANG!** Elle tombe sur le plancher.

Ma mère entre à nouveau dans ma chambre :
— Nicolas, tu m'énerves de plus en plus avec ton ballon! Va jouer dehors!
— Excuse-moi, maman. Je ne le ferai plus!

Je replace ma lampe. Tout en faisant sautiller mon ballon sur ma tête, mes épaules, mes genoux et mes pieds, je réussis enfin à m'habiller. Mais en essayant d'enfiler mes souliers, je perds l'équilibre.

# BADABANG!

Je tombe sur le plancher.

En catastrophe, ma mère ouvre la porte de ma chambre. Elle m'aide à me relever en disant :

— Nicolas! Ton ballon, il m'énerve, mais il m'énerve de plus en plus!

— Excuse-moi, maman... Désormais, je serai sage comme une image.

J'arrive dans la cuisine en dribblant le plus rapidement possible... **DRRR** à gauche... **DRRR** à droite.

Je déjoue facilement mon père... qui boit son café.

J'évite de justesse ma sœur... qui ne fait rien!

Mais tout à coup, en voulant déjouer le chat, je fais un faux mouvement. Le ballon rebondit sur le réfrigérateur, puis **SPLACH!** Il renverse le bol de céréales de ma sœur.

Très fâchée, ma sœur dit :

– Nicolas, ton ballon, il énerve tout le monde! Va jouer dehors!

Afin de montrer ma bonne volonté, je lance mon ballon dans le salon. Mais **SPLACH!** Il atterrit dans l'aquarium.

Mon père s'empare du ballon :

— Nicolas, ton ballon, il m'énerve!

À genoux, je supplie mon père :

– Non, je t'en prie, ne me confisque pas mon ballon!

Ne le cache pas dans une boîte dans le garage!

Ne le cache pas au fond d'un sac dans le haut de ta garde-robe!

Ne le cache pas dans le coffre de ta voiture!

Ne le cache pas dans la vieille malle au fond du grenier!

J'ai besoin de mon ballon pour le tournoi tout à l'heure!

Mon père, exaspéré, lance le ballon dans la cour :
— Je ne veux plus voir cette chose dans la maison!
Compris, Nicolas?
— Compris, papa!

Je termine mon petit-déjeuner en vitesse, puis je quitte la maison. Tous mes coéquipiers viennent me rejoindre dans la cour. Ensemble, nous dribblons. Nous pratiquons nos feintes, nos coups de pied, nos coups de tête.

Soudain, le ballon frappe la corde à linge du voisin. Oups! Les vêtements accrochés dégringolent dans l'herbe. Mon voisin s'approche. En ramassant les chaussettes et les chemises, il rouspète :

— Nicolas! Ton ballon, il m'énerve vraiment!

Complètement enragé, il s'empare du ballon.

On dirait qu'il voudrait le mordre, l'écrabouiller, le faire disparaître!

Le petit Rodrigo sauve la vie de mon ballon en disant :

— C'est de ma faute monsieur!

Devant le petit Rodrigo qui le regarde avec de grands yeux tristes, puis devant le reste de l'équipe au bord des larmes, mon voisin nous dit :

— Écoutez-moi bien! À la prochaine gaffe, le ballon disparaît! Compris?

— Compris! Compris!! Compris!!! Compris!!!! Compris!!!!! Compris MONSIEUR!!!!!!

Nous recommençons à pratiquer nos lancers, nos feintes, nos coups de pied de coin. Tout à coup, après une mêlée étourdissante, le ballon est propulsé directement vers la fenêtre de la cuisine. Nous crions tous en même temps :

– NOOOooooooN!

# CRAAAAC! SCHLINGGG! SCHALANGGG! SCHLOOONGGG!

Horreur! La fenêtre se brise en mille morceaux!

En furie, mon père sort de la maison, se lance
sur le ballon et nous le confisque en trépignant :
— Il m'énerve vraiment votre ballon, les gars.
Il m'énerve, il m'énerve...

Mais juste au moment où mon père va s'engouffrer dans la maison avec le ballon, le petit Luigi se met à pleurer :

— *Snif...* Nous avons besoin du ballon, *snif...* pour jouer au tournoi, *snif...* dans le parc, *snif...* dans dix minutes!

Hors de lui, mon père se retourne et nous lance le ballon. Nous crions :
– YOUPIIIIII!

Un peu gêné, je demande à mon père :

— Heu, voudrais-tu nous accompagner au parc, s'il te plaît, mon gentil petit papa d'amour?

Toute la bande s'exclame en même temps :

— OUI! S'IL VOUS PLAÎT, MONSIEUR LE GENTIL PETIT PAPA D'AMOUR!

La bouche crispée, mon père nous accompagne au parc en rouspétant :

— Il m'énerve ce ballon! Il m'énerve! Il m'énerve! Il m'énerve...

Furieux, mon père s'assoit sous un arbre en marmonnant les mêmes mots. (*Il m'énerve! Il m'énerve! Il m'énerve!*) L'arbitre siffle et nous commençons à jouer en exécutant toutes les stratégies que nous avons apprises et pratiquées à la maison.

Nous dribblons. Nous faisons des passes, des feintes, des montées, des replis stratégiques. Mais l'équipe adverse est redoutable. À la mi-temps, c'est l'égalité, un à un... Je suis déjà fatigué, épuisé, essoufflé, et je n'ai même pas compté de but.

27

Vers la fin du match, le pointage est de deux à deux. La tension est à son comble. Tous les spectateurs sont debout, même mon père !

Tout à coup, comme par hasard, le ballon passe devant moi... Je ne vois plus rien d'autre... PAF! Je lui donne un formidable coup de pied et... et... Oui! Oui!! Oui!!! Je compte le but vainqueur!

Tout heureux de notre victoire, nous revenons à la maison. Moi, je marche près de mon père. Il pose sa main sur mon épaule... et me demande en souriant :

— Nicolas, est-ce que je te l'ai déjà dit ?

— Heu... quoi ?

– J'adore ton ballon!